أمل

كتبِتْها نورْهان سابِق

Hope

Egyptian Arabic Reader – Book 13
by Nourhan Sabek

lingualism

ISBN: 978-1-949650-22-8

Written by Nourhan Sabek

Edited by Matthew Aldrich

Cover art by Duc-Minh Vu

Audio by Heba Salah Ali

website: www.lingualism.com

email: contact@lingualism.com

Introduction

The **Egyptian Arabic Readers** series aims to provide learners with much-needed exposure to authentic language. The books in the series are at a similar level (B1-B2) and can be read in any order. The stories are a fun and flexible tool for building vocabulary, improving language skills, and developing overall fluency.

The main text is presented on even-numbered pages with tashkeel (diacritics) to aid in reading, while parallel English translations on odd-numbered pages are there to help you better understand new words and idioms. A second version of the text is given at the back of the book, without the distraction of tashkeel and translations, for those who are up to the challenge.

New to this edition: the English translations have been revised for improved clarity and accuracy. Each story now also includes **20 comprehension questions** with example answers to help reinforce your understanding of the text. A **sequencing exercise** is provided as well, where you'll put ten key events from the story back in their correct order. These additions make the book even more useful for self-study, classroom use, or group discussions.

Visit www.lingualism.com/audio, to stream or download the free accompanying audio.

This book is also available in Modern Standard Arabic at www.lingualism.com/msar.

أمل

محدِّش فينا بِيِعْرف إمْتى هتِتْغيرّ حَياتُه. فيه اللي بِتِتْغير حَياتُه بين يوْم و ليْلة و فيه اللي بِتِتْغير حَياتُه في سنة، شهْر، أَوْ أُسْبوع. يمِْكِن يِكون كُلّ واحِد فينا بِيِسْتنّى التّغْيير ده أَوْ حتّى مُتَوَقِّع إنُّه يِحْصل في أيّ وَقْت.

لكِن في حِكايْتي مكُنْتِش مُتخيِّلة إنُّه مُمْكِن حَياتي تِتْغيرّ. إسْمي أمل. إسْمي لِوَحْدُه معْناه الأمل، الأمل في حَياة أحْسن، الأمل في شُغْل أحْسن، الأمل إنّ بُكْره يِكون أحْسن بِكْتير مِن النّهارْده.

عنْدي ٣٣ سنة. اِتْجوِّزْت بدْري بعْد ما خلّصْت جامْعة على طول. أهْلي حالْهُم بسيط. جوِّزوني بعْد ما أُخْتي الكِبيرة اِتْجوِّزِت. زمان و أنا صُغيرّة وَعدْت نفْسي إنيّ مِش هعْمِل نفْس غلْطِةْ أهْلي و أخلِّف كِتير و أنا حالي بسيط عشان مظْلِمْش عِيالي معايا.

إحْنا خمس إخْوات غيرْ أبويا و أُمّي في بيْت صُغيرّ. أخويا مُحمّد الكِبير مكمِّلْش تعْليمُه عشان يِشْتغل و يِصْرِف عليْنا معَ أبويا. اِشْتغل معَ أبويا في مصْنع ملابِس. و أُمّي بِتِعْرف تُطْبُخ و بِتْوَصّل أكْل لِلنّاس. أُخْتي الكِبيرة زيْنب اِتْجوِّزْت. أخويا محْمود راح الجيْش. و شيْماء بِتْكمِّل تعْليمْها.

Hope

None of us knows when our life will change. Some people's lives change overnight, and some over a year, a month, or a week. Maybe each of us is waiting for that change or even expecting it to happen at any time.

But in my story, I never imagined that my life could change. My name is Amal. My name alone means "hope"—hope for a better life, hope for a better job, hope that tomorrow will be much better than today.

I'm 33 years old. I got married early, right after I finished university. My family is of modest means. They married me off after my older sister got married. Back when I was little, I promised myself I wouldn't make the same mistake my parents made and have lots of kids while living in hardship so I wouldn't be unfair to my children.

We're five siblings besides my parents in a small house. My older brother Muhammad didn't finish his education so he could work and support us along with my father. He worked with my father in a clothing factory. My mother cooks and delivers food to people. My older sister Zaynab got married. My brother Mahmoud went to the army. And Shaimaa is still finishing her studies.

أمّا أنا غيْر إنيّ كُنْت بحِبّ التّعْليم كمان بحِبّ الإكْسسْوارات. بحِبّ أرْسِم و أصمِّم إكْسسْوارات مِن فضّة و نِحاس لإِنّ مِش معايا أجيب دهب و أَوْقات مِن خرز عادي.

بعْد ما اتْجوِّزْت مُحْسِن، اِشْتغلْت في محلّ ملابِس و مُحْسِن كان شغّال في المطار. خلِّفْنا نور و يوسِف و قرّرْنا منْخلِّفْش تاني عشان منِظْلِمْش وِلادْنا و عشان الحالة المادّية متِسْمحْش و عشان منْكرّرْش غلطات أهالينا.

❖ ❖ ❖

في يوْم مُحْسِن مِشي مِتْأخّر مِن الشُّغْل. مكُنْتِش قلْقانة أوي لإِنّ دي مِش أوِّل مرّة لكِن اللي قلقْني إنّ حصل عاصِفة و مطر جامِد أوي. فِضِلْت مِسْتنية و معْرِفْتِش أنام لِحدّ ما وَصلْني تِليفوْن إنّ مُحْسِن في المُسْتشْفى. وَدّيْت االأَوْلاد عنْد أُخْتي زيْنب، و رُحْت معَ أخويا مُحمّد المُسْتشْفى.

"لَوْ سمحْتي، أنا حدّ طلبْني مِن المُسْتشْفى هِنا إنّ جوْزي مُحْسِن علي إمام مَوْجود هِنا."

"ثانْيَة واحْدة هتْأكِّدْلِك." مُوَظّفِةْ الاِسْتِقْبال قالِت.

"بِسُرْعة لَوْ سمحْتي."

As for me, besides loving education, I also love accessories. I love drawing and designing accessories from silver and copper because I can't afford gold, and sometimes I use regular beads.

After I married Mohsen, I worked at a clothing store, and Mohsen worked at the airport. We had Nour and Youssef and decided not to have more kids so we wouldn't wrong our children, because we couldn't afford it, and to avoid repeating our parents' mistakes.

One day, Mohsen left work late. I wasn't too worried because it wasn't the first time, but what worried me was that there was a storm and heavy rain. I kept waiting and couldn't sleep until I got a call that Mohsen was in the hospital. I took the kids to my sister Zaynab's and went to the hospital with my brother Muhammad.

"Excuse me, someone from this hospital called me and said my husband Mohsen Ali Imam is here."

"One moment, I'll confirm for you," said the receptionist.

"Please, quickly."

"متقِلْقيش يا أمل."

"إزّاي بسّ مقْلقْش يا مُحمّد؟!"

"إن شاء اللّه خيرْ."

"يا ربّ."

مُوَظّفةْ الاِسْتِقْبال قفلِت التِّليفوْن. " حضْرِتِك مِراتُه، صحّ؟"

"أَيْوَه."

"الدُّكْتور مِسْتنّي حضْرِتِك في الدّوْر الرّابِع أوِّل مكْتب على إيدِك اليِمين. إسْمُه دُكْتور مُمْتاز."

"شُكْراً."

"العفْو، على أيْه؟"

أنا و أخويا رُحْنا لِلدُّكْتور. خبّطْت على الباب.

"اِتْفضّل." صوْت راجِل كِبير.

"دُكْتور مُمْتاز؟!"

"أَيْوَه، اِتْفضّلوا."

"أنا أمل زوْجةْ مُحْسِن."

[3:28]

"Don't worry, Amal."

"How can I not worry, Muhammad?!"

"God willing, it'll be okay."

"I hope to God."

The receptionist hung up the phone. "You're his wife, right?"

"Yes."

"The doctor is waiting for you on the fourth floor, first office on your right. His name is Dr. Mumtaz."

"Thank you."

"You're welcome, no need to mention it."

My brother and I went to the doctor. I knocked on the door.

"Come in," said the voice of an older man.

"Dr. Mumtaz?!"

"Yes, come in."

"أَيْوَه اِتْفضّلوا ارْتاحوا."

"فيه أيْه يا دُكْتور، مُحْسِن كُوَيِّس؟" مُحمّد سأل الدُّكْتور.

"أنا حبّيْت أقولُّكو بِنفْسي و أشْرحْلُكو الوَضْع."

"فيه أيْه يا دُكْتور؟ قلقْتِني!"

"مدام أمل، مِش عارِف أقولِّك أيْه بسّ جوْزِك لمّا وَصل المُسْتشْفى..." الدُّكْتور أخد نفس: "كان مات."

معْرِفْتِش ساعِتْها أنا حاسّة بِأيْه، كُلّ اللي حسّيْت بيه إنّ الدُّنْيا بِتْلِف بِيّا و إنّ روْحي كإنّها بِتِطْلع مِنّي. عيّطْت و مقْدِرْتِش أمْسِك نفْسي و أنا مِش مِصدّقة. يمْكِن جَوازي مِن مُحْسِن كان جَواز تقْليدي عادي لكِن حبّيْنا بعْض و اِحْترمْنا بعْض جِداً.

"دُكْتور، حضْرِتك بِتْقول أيْه؟" كلامي كان بِيُخْرُج مِنّي كإنُّه بِياخُد روحي معاه.

"أنا آسِف. لَوْ حابّة تِتْأكِّدي هاخْدِك تِشوفي الجُثّة."

"بِيْقول جُثّة يا مُحمّد! جُثة؟ أكيد مماتْش، صحّ يا مُحمّد؟!"

[4:18]

"I'm Amal, Mohsen's wife."

"Yes, please, have a seat."

"What's going on, Doctor? Is Mohsen okay?" Muhammad asked the doctor.

"I wanted to tell you myself and explain the situation to you."

"What is it, Doctor? You're making me worried!"

"Mrs. Amal, I don't know how to say this, but when your husband arrived at the hospital..." the doctor took a breath, "he had already passed away."

At that moment, I didn't even know what I was feeling—everything felt like it was spinning and my soul was leaving my body. I cried and couldn't control myself—I couldn't believe it. Maybe my marriage to Mohsen was just a typical traditional one, but we loved each other and respected each other deeply.

"Doctor, what are you saying?" My words came out like they were taking my soul with them.

"I'm sorry. If you want to be sure, I'll take you to see the body."

"He said 'body,' Muhammad! A body? He can't really be dead, right Muhammad?!"

مُحمّد مِسِك إيدي و حاوِل يِهدّيني. قوِّمْني و رُحْنا عشان نِتْأكِّد مِن الجُثّة، و فِعْلاً مُحْسِن مات. وِقِعْت و معْرِفْتِش بعْدها حصل أيْه أَوْ فِضِلْت غايْبة عن الوَعْي قدّ أيْه.

❖ ❖ ❖

عدِّت الأيّام و الشُّهور و بدل ما كُنْت بشْتغل شُغْل واحِد بقيْت كمان بعْمِل إكْسسْوارات و أقف أبيعْها في الشّارِع. في محلّ الملابِس الصُّبْح لِحدّ السّاعة ٢ و مِن ٢ لِحدّ ١٠ بِاللّيْل ببيع إكْسسْوارات أنا اللي بعْمِلْها عشان أكفّي الوِلاد و الأكْل و الشُّرْب و التّعْليم.

كُلّ يوْم بقى زيّ اللي قبْلُه. بنْزِل الشُّغْل الصُّبْح في المحلّ و بعْد كِده أقف أبيع الإكْسسْوارات اللي بعْمِلْها.

مِش عارْفة إنّ هَييجي يوْم تِكون بِدايْتُه عادية لكِن نِهايْتُه هِيَّ بِدايةْ التّغْيير.

❖ ❖ ❖

"اُقف على جنْب يا أُسامة."[1]

"ليْه يافنْدِم حضْرِتك مِش هترْوح البيْت؟"

[5:33]

Muhammad held my hand and tried to calm me down. He helped me up and we went to confirm the body—and yes, Mohsen had died. I collapsed and after that, I don't know what happened or how long I was unconscious.

❖ ❖ ❖

Days and months passed, and instead of working just one job, I also started making accessories and selling them on the street. In the clothing store from morning until 2 p.m., and from 2 until 10 at night, I sold accessories I made myself to cover expenses for the kids—food, drink, and education.

Every day became like the one before. I'd go to work at the shop in the morning, and then stand to sell the accessories I made.

I didn't know that a day would come whose beginning would be ordinary but whose end would be the beginning of change.

❖ ❖ ❖

"Pull over to the side, Osama."

"Why, sir? Aren't you going home?"

---

[1] While most of this story is told from the first-person perspective of Amal, this section is from Mustafa's perspective.

"هروح يا أُسامة بسّ شايِف السِّتّ اللي قاعْدة هِناك دي بِتْبيع إكْسسْوارات؟"

"أه يافنْدِم."

"أُقف عنْدها."

"حاضِر يافنْدِم."

❖ ❖ ❖

نِزِل راجِل طَويل لابِس بدْلة شيك و بالْطو إسْوِد، لبِس النّاس الأغْنِيا و عربِيِّتُه آخِر موديل. معَ إنيّ مِش بفْهم أوي في العربيات لكِن بفْهم في اللِّبْس و المظْهر. و شكْل الرّاجِل بِيْدِلّ إنُّه غني.

كُنْت فاكْراه هَيِدْخُل محلّ مِن المحلّات لكِن لاقيْتُه جايّ عليّا.

"لَوْ سمحْتي!"

"أَيْوَه؟" بصّيْتْلُه و سألْت نفْسي يا ترى عايِز أيْه؟

"أنا مُمْكِن أشوف اللي بِتْبيعيه؟"

"طبْعاً" خلّيْتُه يِتْفرّج و لاحظْت إنُّه حبّ الإكْسسْوارات.

"إنْتي اللي بِتِعْمِليهُم بِنفْسِك؟"

[6:44]

"I will, Osama, but do you see that woman sitting over there selling accessories?"

"Yes, sir."

"Stop by her."

"Yes, sir."

❖   ❖   ❖

A tall man got out, wearing a stylish suit and a black overcoat—the clothes of rich people—and his car was the latest model. I don't know much about cars, but I know clothes and appearances, and the man's look clearly said he was rich.

I thought he was going to enter one of the shops, but I found him walking toward me.

"Excuse me!"

"Yes?" I looked at him and asked myself, What could he possibly want?

"Can I take a look at what you're selling?"

"Of course." I let him browse, and I noticed he really liked the accessories.

"You make them yourself?"

"أه."

"جميل!"

فِضِل يِخْتار في كذا حاجة و اِشْتراهُم. مكُنْتِش مِصدّقة ليْه واحِد زيّ ده مُمْكِن يِشْترِي مِن أحْسن مكان جايّ يِشْترِي مِن عنْدي.

"إسْمِك أيْه؟" فوّقْني سُؤالُه.

"أمل."

"أمل، أنا مُصْطفى."

"مبْسوطة إنيّ شُغْلي عجب حضْرِتك يا أُسْتاذ مُصْطفى."

يوْم وَرا يوْم فِضِل ييجي و يِشْترِي مِنّي حاجات. كُنْت مبْسوطة و في يوْم وِقِف و سألْتُه:

"هتِشْترِي أيْه النّهارْده؟"

"لأ، النّهارْده عايِز أتْكلِّم معاكي."

اِسْتغْربْت. راجِل زيُّه هَيْكلِّمْني في أيْه؟

"أمل، هدْخُل في المَوْضوع على طول. أيْه رأْيِك بدل ما بِتْبيعي في الشّارِع تِعْمِلي محلّ؟"

[7:46]

"Yes."

"Beautiful!"

He kept picking out several items and bought them. I couldn't believe why someone like him, who could buy from the best places, would come buy from me.

"What's your name?" His question snapped me out of my thoughts.

"Amal."

"Amal, I'm Mustafa."

"I'm glad you liked my work, Mr. Mustafa."

Day after day, he kept coming and buying things from me. I was happy, and one day I stopped him and asked:

"What are you buying today?"

"No, today I want to talk with you."

I was surprised. What would a man like him want to talk to me about?

"Amal, I'll get straight to the point. What do you think about opening a shop instead of selling on the street?"

"يا ريْت بسّ مِنيْن يا أُسْتاذ مُصْطفى؟"

"أنا هدّيكي المحلّ و كُلّ اللي يِلْزمِك في مُقابِل إنِّك هتِشْتغلي و تِعْمِلي الإكْسسْوارات."

قبْل ما يِكمِّل سألْتُه: "مقْدرْش يافنْدِم، أنا مِش بقْبل الحسنات."

"مين قال إنيّ بحْسِن عليْكي؟ أنا عايِز أعْمِل شُغْل معاكي و نِكون شُركا. إنْتي بِالشُّغْل و أنا بِالفِلوس."

"و حضْرِتك هتِكْسب أيْه؟"

"أمل، أنا رجُل أعْمال و بشْتغل في المُجَوْهرات. كُلّ الموْضوع إنيّ هضيفِك لِلشُّغْل بِتاعي و في نفْس الوَقْت تِحسِّني ظُروفِك المادّية و تِشْتغلي اللي بِتْحِبّيه."

"مِش عارْفة أقول لِحضْرِتك أيْه."

"فكّري و بُكْره رُدّي عليّا."

❖ ❖ ❖

لمّا روّحْت بيْتي فِضِلْت أفكّر في العرْض، و طلّعْت الرُّسومات و الحاجات اللي بعْمِلْها و بصّيْت لِوْلادي و سألْت نفْسي لإِمْتى هنِفْضل كِده و فيه فُرْصة إنيّ أخلّي حَياتْنا أحْسن؟

[8:46]

"I'd love to, but how, Mr. Mustafa?"

"I'll give you the shop and everything you need in return for you working and making the accessories."

Before he could finish, I asked, "I'm sorry, sir, I can't accept charity."

"Who said I'm giving you charity? I want to do business with you and be partners. You bring the work, I bring the money."

"And what will you gain from this, sir?"

"Amal, I'm a businessman and I work in jewelry. All I want is to add you to my business, and at the same time, improve your financial situation and let you work in what you love."

"I don't know what to say, sir."

"Think about it and give me your answer tomorrow."

❖ ❖ ❖

When I got home, I kept thinking about the offer. I took out my sketches and the things I make, looked at my kids, and asked myself: How long will we keep living like this when there's a chance to make our lives better?

وافِقْت على العرْض و سِبْت محلّ الملابِس اللي بشْتغل فيه.

بدأْنا نِجهِّز المحلّ و أنا بدأْت أجهِّز شُغْل جِديد، شُغْل معْمول مِن الفضّة و النِّحاس و خرز. و طلبْت مِن أُسْتاذ مُصْطفى نِسْتنّى منِعْمِلْش حاجات بِالدّهب لِحدّ ما نْشوف النّاس هتيجي و تِشْترِي و يا ترى المحلّ هَيِمْشي كُوَيِّس وَلّا هَيِخْسر! وافِق و بدأْنا شُغْل.

في البِدايَة قرّرْت أشْتغل لِوَحْدي لكِن كان فيه شُوَيِّةْ حاجات وِقْفِت قُدّامي زيّ إنّ فيه مكن و حاجات مِحْتاجاها عشان أعْمِل المُجَوْهرات و الإكْسسْوارات. مبقاش المَوْضوع زيّ الأوِّل، مِش مُجرّد خيْط و شُوَيِّةْ خرز.

بقى فيه شُغْل و كان لازِم أطوّر مِن نفْسي عشان النّاس تيجي المحلّ. و فِعْلاً عرضْنا أوِّل مجْموعة و اِفْتتحْنا المحلّ.

"ماما، المحلّ حِلْو أوي!" نور اِتْبسطِت بِالمحلّ هِيَّ و يوسِف.

أُسْتاذ مُصْطفى قرّر يِعْمِل اِفْتِتاح بسيط لِلمحلّ و نِخلّي النّاس تيجي تِشوف المحلّ و الحاجات المعْروضة.

"يوسِف و نور، خلّيكو هِنا قاعْدين و متِتْحرّكوش لِحدّ ما أرْجع."

[10:00]

I accepted the offer and left the clothing store where I was working.

We started preparing the shop, and I began working on new designs—pieces made from silver, copper, and beads. I asked Mr. Mustafa that we hold off on making anything with gold until we see if people come and buy, and whether the shop does well or fails! He agreed, and we got to work.

At first, I decided to work alone, but there were a few challenges, like needing machinery and tools for making the jewelry and accessories. It wasn't like before—it wasn't just thread and a few beads anymore.

Now it was real work, and I had to level up to attract people to the shop. And we did it—we displayed our first collection and officially opened the shop.

"Mama, the shop is so pretty!" Nour was excited about the shop—she and Youssef both were.

Mr. Mustafa decided to organize a simple opening event for the shop to let people come and see the space and the products on display.

"Youssef and Nour, stay here and don't move until I get back."

شُفْت الأُسْتاذ مُصْطفى و حبّيْت أشْكُرْه على اللي عملْه و لِسّه بيِعْمِلْه عشان يِساعِدْني.

"أُسْتاذ مُصْطفى!"

"أمل، مبْروك!"

"مبْروك لينا."

"أمل، أنا ساعِدْتِك لكِن الشُّغْل عليْكي. و متْخافيش، الدُّنْيا صعْبة لكِن مِش مُسْتحيل تِنْجحي."

"شُكْراً جِداً يا أُسْتاذ مُصْطفى."

"أمل أنا همْشي دِلْوَقْتي و يَلّا بِالتَّوْفيق."

أُسْتاذ مُصْطفى مِشي و ركِب عربيتُه و أنا رِجِعْت لِلأَوْلاد.

❖ ❖ ❖

"مالك يا أُسامة؟" مُصْطفى سأل السّوّاق بِتاعُه.[1]

"مُمْكِن سُؤال يافنْدِم؟"

"اِسْأل!"

"هُوَّ ليْه حضْرِتك ساعِدْت السِّتّ دي؟"

[11:34]

I saw Mr. Mustafa and wanted to thank him for everything he did—and still does—to help me.

"Mr. Mustafa!"

"Amal, congratulations!"

"Congratulations to both of us."

"Amal, I helped you, but the work is on you. And don't worry—life is hard, but success isn't impossible."

"Thank you so much, Mr. Mustafa."

"Amal, I'm heading out now. Best of luck!"

Mr. Mustafa left and got into his car, and I went back to the kids.

❖   ❖   ❖

"What's on your mind, Osama?" Mustafa asked his driver.

"May I ask you a question, sir?"

"Go ahead!"

"Why did you help that woman?"

---

[1] In this section, the first-person perspective shifts from Amal to Mustafa.

بابا كان دايْماً يِقولِّي إنّ النّاس عنْد بعْضها و أنا صُغيرّ مكُنْتِش فاهِم الجُمْلة دي. مكُنْتِش عارِف وَقْتها إنّ بابا كان قصْدُه إنّ النّاس بِتْساعِد بعْض و إنِّنا لَوْ ساعِدْنا بعْض هنْكون أحْسن و هنِنْبِسِط بِالمُساعْدة دي و إنّ الخيرْ دايْماً أحْلى حاجة.

أنا مُصْطفى هِشام. القِصّة مِش قِصِّتي لكِن قِصِّةْ سِتّ أرْملة جوْزْها مات و هِيَّ عنْدها ٣٢ سنة. أنا مِن عيْلة غنية لكِن بابا و ماما ربّوني إنّي أكون إنْسان و إنّ النّاس كُلّها واحِد و إنّ لَوْ أنا غني عليّا حِمْل كبِير و هُوَّ إنّي أساعِد غيْري و خاصّةً لَوْ بيِجْتهِد في شُغْله.

أوِّل مرّة شُفْت أمل و اِشْتريْت حاجات مِنْها مكُنْتِش عارِف إنّي هكون وَسيلة عشان أساعِدْها و أغيّر حَياتْها.

"أُسْتاذ مُصْطفى؟" صوْت أُسامة فوّقْني.

"الحِكايَة بسيطة يا أُسامة. السِّتّ دي جوْزْها مات و بعْد ما كانِت بِتِشْتغل في محلّ الملابِس بسّ وِقْفِت تِبيع إكْسسْوارات في الشّارِع و بِتْربّي وَلد و بِنْت. اللي خلّاني أساعِدْها هُوَّ إنّها فنّانة و بِتِجْتهِد في شُغْلها و مِش بِتْمِدّ إيدْها لِحدّ عشان يِحْسن عليْها و يِدّيها فِلوس. قرّرْت أساعِدْها لإِنّ لَوْ هِيَّ فِضْلِت كِده مِش هتِتْقدِّم لِقُدّام وَلا هتْحسِّن مِن الحالة المادّية عنْدها."

[12:30]

My dad used to always tell me, "People are meant to be there for one another." When I was little, I didn't understand that sentence. I didn't know back then that what he meant was that people help each other, and if we support one another, we'll be better off and feel joy in helping. Goodness is always the best thing.

I'm Mustafa Hisham. This story isn't mine—it's the story of a woman whose husband died when she was 32. I come from a wealthy family, but my parents raised me to be a human being, to believe that everyone is equal, and that if I'm rich, I carry a big responsibility—and that is to help others, especially those who work hard.

The first time I met Amal and bought things from her, I didn't know I would become a means to help her and change her life.

"Mr. Mustafa?" Osama's voice brought me back to the moment.

"It's a simple story, Osama. That woman's husband passed away, and after working in a clothing shop, she stood in the street selling accessories while raising a son and a daughter. What made me help her is that she's an artist and hardworking, and she never held out her hand to anyone asking for money or charity. I decided to help her because if she stayed like that, she wouldn't move forward or improve her financial situation."

"بسّ فيه غيرْها كِتير يافنْدِم!"

"صح، بسّ مِش كُلُّهُم بيِجْتِهْدوا زيّها و أنا لمّا بشوف إنْسان بيِجْتِهِد في شُغْلُه بساعْدُه عشان يِحسِّن مِن حَياتُه."

"ربِّنا يِكْرِمك يافنْدِم."

و هُوَّ بيِدْعيلي اِفْتكرْت ماما لمّا قالِتْلي كُلّ دعْوَة ليك هِيَّ رِزْق و نجاح و كُلّ دعْوَة عليْك هِيَّ مُشْكِلة و همّ. عشان كِده بفْرح لمّا بساعِد و حدّ بيِدْعيلي.

✣ ✣ ✣

"ماما..."[1]

"أَيْوَه يا يوسِف؟"

"ماما، هُوَّ إحْنا لازِم نِروح المدْرسة؟"

"أَيْوَه لازِم."

"ليْه؟"

"عشان تِتْعلِّموا و عشان تِنْجحوا تِبْقوا أحْسن مِنّي."

"بسّ إنْتي اِتْعلِّمْتي يا ماما."

[14:25]

"But there are many others like her, sir!"

"True, but not all of them work as hard as she does. When I see someone putting in the effort, I help them so they can improve their life."

"God bless you, sir."

And as he prayed for me, I remembered what my mom once told me—every prayer for you is a blessing and success, and every prayer against you is a problem and a burden. That's why I'm happy when I help someone and they pray for me.

❖   ❖   ❖

"Mama..."

"Yes, Youssef?"

"Mama, do we have to go to school?"

"Yes, you do."

"Why?"

"So you can learn and succeed—and be better than me."

"But you studied too, Mama."

_____

[1] In this section, the first-person perspective shifts back to Amal.

بلبِّس نور الشّنْطة. " أه، بسّ كُلّ أُمّ يا نور بِتْحِبّ وِلادْها يِكونوا أحْسن مِنْها."

الوِلاد لِبْسوا و أخدوا شنْطِتْهُم و أكْلُهُم و بعْد ما وَصّلْتْهُم المدْرسة رُحْت المحلّ. أَوّل يوْم بيْع و أوِّل يوْم لِيّا في المحلّ! مِش عارْفة حاسّة بِأيْه لكِن حَياتي بدأِت تِتْغيرّ و بدأِت أفْهم يَعْني أيْه تغْيير و يَعْني أيْه إنّ كُلّ حاجة بِتِحْصل في يوْمْنا هِيَّ تغْيير حتّى لَوْ بسيطة. مِن يوْم ما مات مُحْسِن لِحدّ النّهارْده كانِت حَياتي روتين. مفيش تغْيير لكِن لمّا ظهر أُسْتاذ مُصْطفى بدأْت أشوف التّغْيير بِجدّ.

بدأْت الشُّغْل و لِسّه النّاس معرْفِتْش المحلّ لكِن بِييجي ناس تِتْفرّج و فيه اللي بِيِشْترِي و فيه اللي بِيِتْفرّج و بسّ. شُغْل المحلّات مِش جِديد عليّا لكِن إنيّ أكون مالْكِةْ المحلّ ده جِديد عليّا.

[15:19]

As I helped Nour put on her backpack, I said, "Yes, but every mother, Nour, wants her children to be better than she was."

The kids got dressed, took their bags and lunches, and after I dropped them off at school, I headed to the shop. It was the first day of sales and my first day at the shop! I didn't know exactly how I felt, but my life had started to change, and I began to understand what change really means—that everything that happens in our day is a kind of change, even the small things. Since Mohsen passed away until today, my life had been routine. No change. But when Mr. Mustafa came into my life, I started to truly see change.

I started working, and although people didn't know about the shop yet, some would come in to look, some would buy, and some just browsed. Working in shops wasn't new to me, but owning the shop was something new.

يوْم و التّاني بدأ المحلّ يِتْعرّف و قرّرْت أشوف طُرُق عشان أوْصل لِعدد أكْبر مِن النّاس. و لقيْت إنّ أفْضل حلّ هُوَّ إنيّ أعْمِل صفْحات على السّوْشْيال ميدِيا. و فِعْلاً نجحْت في إنيّ أوْصل لِعدد أكْبر. و كمان لقيْت إنّ عشان أوْصل لِناس أكْتر و أكْتر هُوَّ إنيّ أنْزِل البازارات و الفاعِليات اللي بِتِتْعِمِل في المَواسِم عشان النّاس اللي زيّي و اللي بِيِشْتغلوا بِإيديْهُم. أُسْتاذ مُصْطفى ساعِدْني كِتير بِإنُّه بِيْجيبْلي المَوادّ اللي بحْتاجْها و أيّ ما كان بحْتاجُه بِيْجيبُه.

و بعْد سِتّ شُهور قرّرْت أجيب حدّ يِشْتغل معايا و يِساعِدْني. الدُّنْيا بدأِت تِتْحسِّن أوي معايا و حالْتي المادّية أحْسن كِتير و عارْفة أساعِد وِلادي و أهْلي كمان.

بدأْت أدوّر على حدّ يِشْتغل و يِساعِدْني و أساعْدُه زيّ ما أُسْتاذ مُصْطفى ساعِدْني. فكّرْت ألاقي حدّ بِيِجْتِهِد و فنّان في الشُّغْل ده عشان يِفْهم فيه. قطع أفْكاري صوْت باب المحلّ و هُوَّ بِيِتْفِتِح.

"مشْغولة؟" أُسْتاذ مُصْطفى واقِف قُدّام الباب.

"لأ." اِبْتسمْتِلُه.

"مُمْكِن نِتْكلِّم شُوَيّة؟"

"أكيد!"

[16:33]

Day by day, the shop became more known, and I decided to find ways to reach more people. I found the best solution was to create social media pages—and I succeeded in reaching a wider audience. I also realized that to reach even more people, I needed to attend bazaars and seasonal events for people like me who work with their hands. Mr. Mustafa helped me a lot—he would get me the materials I needed and anything I asked for, he made sure I had.

After six months, I decided to hire someone to work with me and help me. Life had really started to improve, my financial situation was much better, and I was able to support my kids and even help my family.

I started looking for someone to work with me—someone I could also help, just like Mr. Mustafa helped me. I wanted to find someone hardworking and talented in this kind of work. My thoughts were interrupted by the sound of the shop door opening.

"Busy?" Mr. Mustafa stood at the door.

"No." I smiled at him.

"Can we talk for a bit?"

"Of course!"

قعد على الكُرْسي اللي قُدّام مكْتبي و قال: "مِش ناوْيَة تِجيبي حدّ يِساعْدِك؟"

"كُنْت لِسّه بفكّر في المَوْضوع ده."

"و قرّرْتي أيْه؟"

"عايْزة حدّ يِكون بِيِفْهم في الشُّغْل، مِش مُجرّد بيّاع في محلّ و يِكون بِيِعْرف يِعْمِل المُجَوْهرات و الإكْسسْوارات."

"حِلْو، طيِّب هتْلاقي الحدّ ده إزّاي؟"

"هعْمِل طلب و أحُطُّه على النِّتّ."

"بسّ مُمْكِن كتِير يِقدِّموا و هُمّا مِش قَوي في المجال ده."

"صحّ، بسّ أنا هطْلُب مِنْهُم يِقدِّموا شُغْلُهُم و كمان فكّرْت أنْزِل أشوف النّاس اللي في كُلِّيّةْ فُنون تطْبيقية. فيه مِنْهُم كِتير مَوْهوبين و بِيْحِبّوا الشُّغْل ده و كمان مِحْتاجين شُغْل."

"حِلْوَة الفِكْرة بسّ هتاخُد مِن وَقْتِك كِتير. عنْدي حلّ أحْسن."

"أيْه هُوَّ؟"

"نفْس الطّلب اللي هتِعْمِليه على النِّتّ هنِطْبعْه و نِوَزّعْه جُوّه الكُلِّية. أيْه رأْيِك؟"

[18:11]

He sat on the chair in front of my desk and said, "Aren't you planning to bring someone in to help you?"

"I was just thinking about that."

"So, what have you decided?"

"I want someone who really understands the work—not just a store clerk, but someone who knows how to make jewelry and accessories."

"That's great. So how will you find that person?"

"I'll post a job ad online."

"But a lot of people might apply who aren't really skilled in this field."

"True, but I'll ask them to submit samples of their work. I also thought of visiting the Applied Arts college—many of the students there are talented, passionate about this kind of work, and in need of jobs."

"That's a great idea, but it'll take a lot of your time. I have a better solution."

"What is it?"

"Let's print the same job ad you were going to post online and distribute it inside the college. What do you think?"

"فِكْرة كُوَيِّسة أوي."

بدأْنا نِعْمِل طلب الشُّغْل و نِطْبع الوَرق اللي هنْوَزّعْه في الكُلية و كتبْنا على النِّتّ. فِعْلاً بدأ يِيجيلْنا ناس كِتير تِقدِّم بسّ مكانْش فيه حدّ حاسّة إنُّه ينْفع لِحدّ في آخِر يوْم جت بِنْت تِقدِّم و لمّا قعدْت معاها و شُفْت شُغْلها، حسّيْت إنّ هِيَّ دي اللي هتْناسِب المُواصفات و الشُّغْل و فِعْلاً وافِقْت عليْها و شغّلْتها.

بدأ الشُّغْل يِزيد و بقى بِيِجيلْنا طلبات مخْصوص و بدأْت أشوف قدّ أيْه التّغْيير ده فرْق في حَياتي و قدّ أيْه الأُسْتاذ مُصْطفى غيرّ حَياتي لِلأحْسن و لوْلا مُساعْدِتُه مكُنْتِش هقْدر أوْصل لِلّي أنا فيه دِلْوَقْتي.

[19:27]

"That's a really good idea."

We started working on the job ad and printed flyers to distribute at the college, and we also posted it online. We got a lot of applicants, but none felt like the right fit—until the last day, when a young woman came in to apply. After I sat with her and saw her work, I felt she was the right match in both skill and spirit, and I hired her.

Work began to grow, and we started receiving custom orders. I began to see how much of a difference this change made in my life, and how much Mr. Mustafa had improved my life for the better. Without his help, I wouldn't have reached where I am now.

عدِّت الأيّام و الشُّهور و عدِّت سنة كامْلة على فتْح المحلّ. المحلّ بيِكْبر و شُغْلي بيِكْبر معاه و بدل ما كانِت واحْدة بسّ بتِشْتغل معايا بقى فيه واحِد كمان بيِشْتغل معانا. كُنْت فاكْرة إنّ حِكايْتي مُمْكِن تُقف هِنا أَوْ مَيِحْصلْش تغْيير تاني لكِن في يوْم قدِّمْنا في مُسابْقة لِتصْميم المُجَوْهرات و الإكْسسْوارات و نِجِحْنا[1] فيها و جالْنا دعْوَة إنِّنا نِسافِر نِعْرض شُغْلِنا برّه مصْر في كذا دَوْلة في أوروبّا و أُسْتاذ مُصْطفى قرّر إنُّه يِفْتح بدل المحلّ الواحِد يِعْمِل فُروع لِلمحلّ في أماكِن تانْيَة مِش بسّ القاهِرة، كمان برّه القاهِرة.

"مُتْأكِّد يا أُسْتاذ مُصْطفى؟"

"مُتْأكِّد مِن أيْه يا أمل؟"

"إنّك عايِز تِفْتح فُروع تانْيَة لِلمحلّ؟"

"أه مُتْأكِّد."

"بسّ كِده كِتير..."

[20:27]

❖   ❖   ❖

Days and months passed, and a full year went by since the shop opened. The business was growing, and along with it, so was my work. Instead of just one person working with me, now there was a second. I used to think my story might end here, and that there wouldn't be any more changes. But one day, we entered a jewelry design competition—and we won! We received an invitation to exhibit our work abroad in several European countries. Mr. Mustafa decided not just to keep one shop, but to open new branches—not only in Cairo but outside Cairo too.

"Are you sure, Mr. Mustafa?"

"Sure about what, Amal?"

"That you want to open more branches of the shop?"

"Yes, I'm sure."

"But that's a lot..."

---

[1] نِجِح can also be pronounced نَجَح, as we will hear on the next page.

"أمل، نِسيتي إنِّنا شُركا. أنا بِالفِلوس و إنْتي بِالشُّغْل و بعْديْن إنْتي فنّانة و نجحْتي في إنِّك تِوَصّلي شُغْلِك برّه مصْر كمان. يَعْني لوْلا إنِّك مُجْتهِدة و مَوْهوبة مكانْش كُلّ ده حصل وَلا كُنْتي نجحْتي."

"مِش عارْفة أقولّك أيْه بسّ. لوْلا حضْرِتك مكُنْتِش هعْرف أوْصل لِرُبْع اللي وَصلْتِلُه و يمْكِن حَياتي مكانِتْش هتِتْغيرّ كِده."

"متِشْكُرينيش. إحْنا الاِتْنيْن ساعِدْنا بعْض. أنا عملْتِلِك المحلّ و إنْتي بِفنِّك و اِجْتِهادِك زوِّدْتي فِلوسي و اِسْتِثْماراتي. يَعْني إحْنا الاِتْنيْن كسْبانين."

"عنْدك حقّ."

حَياتي اِتْغيرّت و حَياةْ أهْلي و وِلادي اِتْغيرّت كِتير و لِلأحْسن. و اِتْعلِّمْت إنّ لمّا نِساعِد بعْض هنِعْرف نِوْصل لِأحْلامْنا و أهْدافْنا و هنِعْرف نِغيرّ لِلأحْسن.

[21:39]

"Amal, don't forget we're partners. I bring the money, you bring the talent. And besides, you're an artist—you succeeded in getting your work out of Egypt too. If you hadn't been so dedicated and talented, none of this would've happened, and you wouldn't have succeeded like this."

"I don't even know what to say. If it weren't for you, I wouldn't have gotten even a quarter of the way here. Maybe my life wouldn't have changed like this."

"Don't thank me. We helped each other. I set up the shop, and with your talent and hard work, you grew my money and investments. We both won."

"You're right."

My life changed, and so did the lives of my family and children—for the better. And I learned that when we help each other, we can reach our dreams and goals, and we can create positive change together.

Arabic Text without Tashkeel

For a more authentic reading challenge, read the story without the aid of diacritics (tashkeel) and the parallel English translation.

محدش فينا بيعرف إمتى هتتغير حياته. فيه اللي بتتغير حياته بين يوم و ليلة و فيه اللي بتتغير حياته في سنة، شهر، أو أسبوع. يمكن يكون كل واحد فينا بيستنى التغيير ده أو حتى متوقع إنه يحصل في أي وقت.

لكن في حكايتي مكنتش متخيلة إنه ممكن حياتي تتغير. إسمي أمل. إسمي لوحده معناه الأمل، الأمل في حياة أحسن، الأمل في شغل أحسن، الأمل إن بكره يكون أحسن بكتير من النهارده.

عندي ٣٣ سنة. اتجوزت بدري بعد ما خلصت جامعة على طول. أهلي حالهم بسيط. جوزوني بعد ما أختي الكبيرة اتجوزت. زمان و أنا صغيرة وعدت نفسي إني مش هعمل نفس غلطة أهلي و أخلف كتير و أنا حالي بسيط عشان مظلمش عيالي معايا.

إحنا خمس إخوات غير أبويا و أمي في بيت صغير. أخويا محمد الكبير مكملش تعليمه عشان يشتغل و يصرف علينا مع أبويا. اشتغل مع أبويا في مصنع ملابس. و أمي بتعرف تطبخ و بتوصل أكل للناس. أختي الكبيرة زينب اتجوزت. أخويا محسن راح الجيش. و شيماء بتكمل تعليمها. أما أنا غير إني كنت بحب التعليم كمان بحب الإكسسوارات. بحب أرسم و أصمم إكسسوارات من فضة و نحاس لإن مش معايا أجيب دهب و أوقات من خرز عادي.

بعد ما اتجوزت محسن، اشتغلت في محل ملابس و محسن كان شغال في المطار. خلفنا نور و يوسف و قررنا منخلفش تاني عشان منظلمش ولادنا و عشان الحالة المادية متسمحش و عشان منكررش غلطات أهالينا.

❖ ❖ ❖

في يوم محسن مشي متأخر من الشغل. مكنتش قلقانة أوي لإن دي مش أول مرة لكن اللي قلقني إن حصل عاصفة و مطر جامد أوي. فضلت مستنية و معرفتش أنام لحد ما وصلني تليفون إن محسن في المستشفى. وديت االأولاد عند أختي زينب، و رحت مع أخويا محمد المستشفى.

"لو سمحتي، أنا حد طلبني من المستشفى هنا إن جوزي محسن علي إمام موجود هنا."

"ثانية واحدة هتأكدلك." موظفة الاستقبال قالت.

"بسرعة لو سمحتي."

"متقلقيش يا أمل."

"إزاي بس مقلقش يا محمد؟!"

"إن شاء الله خير."

"يا رب."

موظفة الاستقبال قفلت التليفون. " حضرتك مراته، صح؟"

"أيوه."

"الدكتور مستني حضرتك في الدور الرابع أول مكتب على إيدك اليمين. إسمه دكتور ممتاز."

"شكرا."

"العفو، على أيه؟"

أنا و أخويا رحنا للدكتور. خبطت على الباب.

"اتفضل." صوت راجل كبير.

"دكتور ممتاز؟!"

"أيوه، اتفضلوا."

"أنا أمل زوجة محسن."

"أيوه اتفضلوا ارتاحوا."

"فيه أيه يا دكتور، محسن كويس؟" محمد سأل الدكتور.

"أنا حبيت أقولكو بنفسي و أشرحلكو الوضع."

"فيه أيه يا دكتور؟ قلقتني!"

"مدام أمل، مش عارف أقولك أيه بس جوزك لما وصل المستشفى..." الدكتور أخد نفس: "كان مات."

معرفتش ساعتها أنا حاسة بأيه، كل اللي حسيت بيه إن الدنيا بتلف بيا و إن روحي كإنها بتطلع مني. عيطت و مقدرتش أمسك نفسي و أنا مش مصدقة. يمكن جوازي من محسن كان جواز تقليدي عادي لكن حبينا بعض و احترمنا بعض جدا.

"دكتور، حضرتك بتقول أيه؟" كلامي كان بيخرج مني كإنه بياخد روحي معاه.

"أنا آسف. لو حابة تتأكدي هاخدك تشوفي الجثة."

"بيقول جثة يا محمد! جثة؟ أكيد مماتش، صح يا محمد؟!"

محمد مسك إيدي و حاول يهديني. قومني و رحنا عشان نتأكد من الجثة، و فعلا محسن مات. وقعت و معرفتش بعدها حصل أيه أو فضلت غايبة عن الوعي قد أيه.

❖ ❖ ❖

عدت الأيام و الشهور و بدل ما كنت بشتغل شغل واحد بقيت كمان بعمل إكسسوارات و أقف أبيعها في الشارع. في محل الملابس الصبح لحد الساعة ٢ و من ٢ لحد ١٠ بالليل ببيع إكسسوارات أنا اللي بعملها عشان أكفي الولاد و الأكل و الشرب و التعليم.

كل يوم بقى زي اللي قبله. بنزل الشغل الصبح في المحل و بعد كده أقف أبيع الإكسسوارات اللي بعملها.

مش عارفة إن هييجي يوم تكون بدايته عادية لكن نهايته هي بداية التغيير.

❖ ❖ ❖

"اقف على جنب يا أسامة."

"ليه يافندم حضرتك مش هتروح البيت؟"

"هروح يا أسامة بس شايف الست اللي قاعدة هناك دي بتبيع إكسسوارات؟"

"أه يافندم."

"اقف عندها."

"حاضر يافندم."

❖ ❖ ❖

نزل راجل طويل لابس بدلة شيك و بالطو إسود، لبس الناس الأغنيا و عربيته آخر موديل. مع إني مش بفهم أوي في العربيات لكن بفهم في اللبس و المظهر. و شكل الراجل بيدل إنه غني.

كنت فاكراه هيدخل محل من المحلات لكن لاقيته جاي عليا.

"لو سمحتي!"

"أيوه؟" بصيتله و سألت نفسي يا ترى عايز أيه؟

"أنا ممكن أشوف اللي بتبيعيه؟"

"طبعا" خليته يتفرج و لاحظت إنه حب الإكسسوارات.

"إنتي اللي بتعمليهم بنفسك؟"

"أه."

"جميل!"

فضل يختار في كذا حاجة و اشتراهم. مكنتش مصدقة ليه واحد زي ده ممكن يشتري من أحسن مكان جاي يشتري من عندي.

"إسمك أيه؟" فوقني سؤاله.

"أمل."

"أمل، أنا مصطفى."

"مبسوطة إني شغلي عجب حضرتك يا أستاذ مصطفى."

يوم ورا يوم فضل ييجي و يشتري مني حاجات. كنت مبسوطة و في يوم وقف و سألته:

"هتشتري أيه النهارده؟"

"لأ، النهارده عايز أتكلم معاكي."

استغربت. راجل زيه هيكلمني في أيه؟

"أمل، هدخل في الموضوع على طول. أيه رأيك بدل ما بتبيعي في الشارع تعملي محل؟"

"يا ريت بس منين يا أستاذ مصطفى؟"

"أنا هديكي المحل و كل اللي يلزمك في مقابل إنك هتشتغلي و تعملي الإكسسوارات."

قبل ما يكمل سألته: "مقدرش يافندم، أنا مش بقبل الحسنات."

"مين قال إني بحسن عليكي؟ أنا عايز أعمل شغل معاكي و نكون شركا. إنتي بالشغل و أنا بالفلوس."

"و حضرتك هتكسب أيه؟"

"أمل، أنا رجل أعمال و بشتغل في المجوهرات. كل الموضوع إني هضيفك للشغل بتاعي و في نفس الوقت تحسني ظروفك المادية و تشتغلي اللي بتحبيه."

"مش عارفة أقول لحضرتك أيه."

"فكري و بكره ردي عليا."

❖ ❖ ❖

لما روحت بيتي فضلت أفكر في العرض، و طلعت الرسومات و الحاجات اللي بعملها و بصيت لولادي و سألت نفسي لإمتى هنفضل كده و فيه فرصة إني أخلي حياتنا أحسن؟

وافقت على العرض و سبت محل الملابس اللي بشتغل فيه.

بدأنا نجهز المحل و أنا بدأت أجهز شغل جديد، شغل معمول من الفضة و النحاس و خرز. و طلبت من أستاذ مصطفى نستنى منعملش حاجات بالدهب لحد ما نشوف الناس هتيجي و تشتري و يا ترى المحل هيمشي كويس ولا هيخسر! وافق و بدأنا شغل.

في البداية قررت أشتغل لوحدي لكن كان فيه شوية حاجات وقفت قدامي زي إن فيه مكن و حاجات محتاجاها عشان أعمل المجوهرات و الإكسسوارات. مبقاش الموضوع زي الأول، مش مجرد خيط و شوية خرز.

بقى فيه شغل و كان لازم أطور من نفسي عشان الناس تيجي المحل. و فعلا عرضنا أول مجموعة و افتتحنا المحل.

"ماما، المحل حلو أوي!" نور اتبسطت بالمحل هي و يوسف.

أستاذ مصطفى قرر يعمل افتتاح بسيط للمحل و نخلي الناس تيجي تشوف المحل و الحاجات المعروضة.

"يوسف و نور، خليكو هنا قاعدين و متتحركوش لحد ما أرجع."

شفت الأستاذ مصطفى و حبيت أشكره على اللي عمله و لسه بيعمله عشان يساعدني.

"أستاذ مصطفى!"

"أمل، مبروك!"

"مبروك لينا."

"أمل، أنا ساعدتك لكن الشغل عليكي. و متخافيش، الدنيا صعبة لكن مش مستحيل تنجحي."

"شكرا جدا يا أستاذ مصطفى."

"أمل أنا همشي دلوقتي و يلا بالتوفيق."

أستاذ مصطفى مشي و ركب عربيته و أنا رجعت للأولاد.

❖ ❖ ❖

"مالك يا أسامة؟" مصطفى سأل السواق بتاعه.

"ممكن سؤال يافندم؟"

"اسأل!"

"هو ليه حضرتك ساعدت الست دي؟"

بابا كان دايما يقولي إن الناس عند بعضها و أنا صغير مكنتش فاهم الجملة دي. مكنتش عارف وقتها إن بابا كان قصده إن الناس بتساعد بعض و إننا لو ساعدنا بعض هنكون أحسن و هننبسط بالمساعدة دي و إن الخير دايما أحلى حاجة.

أنا مصطفى هشام. القصة مش قصتي لكن قصة ست أرملة جوزها مات و هي عندها ٣٢ سنة. أنا من عيلة غنية لكن بابا و ماما ربوني إني أكون إنسان و إن الناس كلها واحد و إن لو أنا غني عليا حمل كبير و هو إني أساعد غيري و خاصة لو بيجتهد في شغله.

أول مرة شفت أمل و اشتريت حاجات منها مكنتش عارف إني هكون وسيلة عشان أساعدها و أغير حياتها.

"أستاذ مصطفى؟" صوت أسامة فوقني.

"الحكاية بسيطة يا أسامة. الست دي جوزها مات و بعد ما كانت بتشتغل في محل الملابس بس وقفت تبيع إكسسوارات في الشارع و بتربي ولد و بنت. اللي خلاني أساعدها هو إنها فنانة و بتجتهد في شغلها و مش بتمد إيدها لحد عشان يحسن عليها و يديها فلوس. قررت أساعدها لإن لو هي فضلت كده مش هتتقدم لقدام ولا هتحسن من الحالة المادية عندها."

"بس فيه غيرها كتير يافندم!"

"صح، بس مش كلهم بيجتهدوا زيها و أنا لما بشوف إنسان بيجتهد في شغله بساعده عشان يحسن من حياته."

"ربنا يكرمك يافندم."

و هو بيدعيلي افتكرت ماما لما قالتلي كل دعوة ليك هي رزق و نجاح و كل دعوة عليك هي مشكلة و هم. عشان كده بفرح لما بساعد و حد بيدعيلي.

❖   ❖   ❖

"ماما..."

"أيوه يا يوسف؟"

"ماما، هو إحنا لازم نروح المدرسة؟"

"أيوه لازم."

"ليه؟"

"عشان تتعلموا و عشان تنجحوا تبقوا أحسن مني."

"بس إنتي اتعلمتي يا ماما."

بلبس نور الشنطة. " أه، بس كل أم يا نور بتحب ولادها يكونوا أحسن منها."

الولاد لبسوا و أخدوا شنطتهم و أكلهم و بعد ما وصلتهم المدرسة رحت المحل. أول يوم بيع و أول يوم ليا في المحل! مش عارفة حاسة بأيه لكن حياتي بدأت تتغير و بدأت أفهم يعني أيه تغيير و يعني أيه إن كل حاجة بتحصل في يومنا هي تغيير حتى لو بسيطة. من يوم ما مات محسن لحد النهارده كانت حياتي روتين. مفيش تغيير لكن لما ظهر أستاذ مصطفى بدأت أشوف التغيير بجد.

بدأت الشغل و لسه الناس معرفتش المحل لكن بييجي ناس تتفرج و فيه اللي بيشتري و فيه اللي بيتفرج و بس. شغل المحلات مش جديد عليا لكن إني أكون مالكة المحل ده جديد عليا.

يوم و التاني بدأ المحل يتعرف و قررت أشوف طرق عشان أوصل لعدد أكبر من الناس. و لقيت إن أفضل حل هو إني أعمل صفحات على السوشيال ميديا. و فعلا نجحت في إني أوصل لعدد أكبر. و كمان لقيت إن عشان أوصل لناس أكتر و أكتر هو إني أنزل البازارات و الفاعليات اللي بتتعمل في المواسم عشان الناس اللي زيي و اللي بيشتغلوا بإيديهم. أستاذ مصطفى ساعدني كتير بإنه بيجيبلي المواد اللي بحتاجها و أي ما كان بحتاجه بيجيبه.

و بعد ست شهور قررت أجيب حد يشتغل معايا و يساعدني. الدنيا بدأت تتحسن أوي معايا و حالتي المادية أحسن كتير و عارفة أساعد ولادي و أهلي كمان.

بدأت أدور على حد يشتغل و يساعدني و أساعده زي ما أستاذ مصطفى ساعدني. فكرت ألاقي حد بيجتهد و فنان في الشغل ده عشان يفهم فيه. قطع أفكاري صوت باب المحل و هو بيتفتح.

"مشغولة؟" أستاذ مصطفى واقف قدام الباب.

"لأ." ابتسمتله.

"ممكن نتكلم شوية؟"

"أكيد!"

قعد على الكرسي اللي قدام مكتبي و قال: "مش ناوية تجيبي حد يساعدك؟"

"كنت لسه بفكر في الموضوع ده."

"و قررتي أيه؟"

"عايزة حد يكون بيفهم في الشغل، مش مجرد بياع في محل و يكون بيعرف يعمل المجوهرات و الإكسسوارات."

"حلو، طيب هتلاقي الحد ده إزاي؟"

"هعمل طلب و أحطه على النت."

"بس ممكن كتير يقدموا و هما مش قوي في المجال ده."

"صح، بس أنا هطلب منهم يقدموا شغلهم و كمان فكرت أنزل أشوف الناس اللي في كلية فنون تطبيقية. فيه منهم كتير موهوبين و بيحبوا الشغل ده و كمان محتاجين شغل."

"حلوة الفكرة بس هتاخد من وقتك كتير. عندي حل أحسن."

"أيه هو؟"

"نفس الطلب اللي هتعمليه على النت هنطبعه و نوزعه جوه الكلية. أيه رأيك؟"

"فكرة كويسة أوي."

بدأنا نعمل طلب الشغل و نطبع الورق اللي هنوزعه في الكلية و كتبنا على النت. فعلا بدأ ييجيلنا ناس كتير تقدم بس مكانش فيه حد حاسة إنه ينفع لحد في آخر يوم جت بنت تقدم و لما قعدت معاها و شفت شغلها، حسيت إن هي دي اللي هتناسب المواصفات و الشغل و فعلا وافقت عليها و شغلتها.

بدأ الشغل يزيد و بقى بييجيلنا طلبات مخصوص و بدأت أشوف قد أيه التغيير ده فرق في حياتي و قد أيه الأستاذ مصطفى غير حياتي للأحسن و لولا مساعدته مكنتش هقدر أوصل للي أنا فيه دلوقتي.

عدت الأيام و الشهور و عدت سنة كاملة على فتح المحل. المحل بيكبر و شغلي بيكبر معاه و بدل ما كانت واحدة بس بتشتغل معايا بقى فيه واحد كمان بيشتغل معانا. كنت فاكرة إن حكايتي ممكن تقف هنا أو ميحصلش تغيير تاني لكن في يوم قدمنا في مسابقة لتصميم المجوهرات و الإكسسوارات و نجحنا فيها و جالنا دعوة إننا نسافر نعرض شغلنا بره مصر في كذا دولة في أوروبا و أستاذ مصطفى قرر إنه يفتح بدل المحل الواحد يعمل فروع للمحل في أماكن تانية مش بس القاهرة، كمان بره القاهرة.

"متأكد يا أستاذ مصطفى؟"

"متأكد من أيه يا أمل؟"

"إنك عايز تفتح فروع تانية للمحل؟"

"أه متأكد."

"بس كده كتير..."

"أمل، نسيتي إننا شركا. أنا بالفلوس و إنتي بالشغل و بعدين إنتي فنانة و نجحتي في إنك توصلي شغلك بره مصر كمان. يعني لولا إنك مجتهدة و موهوبة مكانش كل ده حصل ولا كنتي نجحتي."

"مش عارفة أقولك أيه بس. لولا حضرتك مكنتش هعرف أوصل لربع اللي وصلتله و يمكن حياتي مكانتش هتتغير كده."

"متشكرينيش. إحنا الاتنين ساعدنا بعض. أنا عملتلك المحل و إنتي بفنك و اجتهادك زودتي فلوسي و استثماراتي. يعني إحنا الاتنين كسبانين."

"عندك حق."

حياتي اتغيرت و حياة أهلي و ولادي اتغيرت كتير و للأحسن. و اتعلمت إن لما نساعد بعض هنعرف نوصل لأحلامنا و أهدافنا و هنعرف نغير للأحسن.

Comprehension Questions

1. إزّاي أمل حَياتْها اِتْغيرّت في الأوّل؟
2. ليْه أمل قرّرِت إنّها متْخلِّفْش أكْتر مِن طِفْلينْ؟
3. أمل كانِت بِتِشْتغل أيْه قبْل ما تِفْتح المحلّ؟
4. مُحْسِن جوْز أمل مات إزّاي؟
5. إمْتى أمل قابْلِت مُصْطفى أوِّل مرّة؟
6. مُصْطفى عرض أيْه على أمل؟
7. ليْه أمل كانِت مُتردِّدة إنّها تِقْبل عرْض مُصْطفى؟
8. أيْه أوِّل تغْيير أمل عملِتُه في المحلّ؟
9. إزّاي وَصّلِت أمل شُغْلها لِناس أكْتر؟
10. ليْه أمل قرّرِت تِجيب حدّ يِساعِدْها في المحلّ؟
11. إزّاي أمل دوّرِت على حدّ يِشْتغل معاها؟
12. أيْه رأْي أُسْتاذ مُصْطفى في الطّريقة اللي دوّرِت بيها على حدّ عشان يِساعِدْها؟
13. فيه كام واحِد كان بِيِشْتغل معَ أمل بعْد سنة؟
14. أيْه اللي خلّى مُصْطفى يِقرّر يِفْتح فُروع تانْيَة؟
15. أيْه كان سبب نجاح المحلّ برّه مصْر؟
16. ليْه مُصْطفى كان بِيْساعِد النّاس؟
17. مُصْطفى كان بِيْشوف العلاقة بيْنُه و بيْن أمل إزّاي؟
18. أيْه كان مَوْقِف وِلاد أمل مِن المحلّ؟
19. أيْه كان دوْر أُسْرةْ أمل في حَياتْها؟
20. أيْه أهمّ درْس اِتْعلِّمِتُه أمل مِن تجْرِبْتها؟

1. How did Amal's life change in the beginning?
2. Why did Amal decide not to have more than two children?
3. What was Amal's job before opening the store?
4. How did Amal's husband Mohsen die?
5. When did Amal first meet Mustafa?
6. What was Mustafa's offer to Amal?
7. Why was Amal hesitant to accept Mustafa's offer?
8. What was the first change Amal made in the store?
9. How did Amal reach more customers with her work?
10. Why did Amal decide to hire someone to help in the store?
11. How did Amal search for someone to work with her?
12. What was Mr. Mustafa's opinion on the method of searching for an assistant?
13. How many people were working with Amal after a year?
14. What made Mustafa decide to open other branches?
15. What was the reason for the store's success outside Egypt?
16. Why did Mustafa help people?
17. How did Mustafa view his relationship with Amal?
18. What was Amal's children's attitude toward the store?
19. What was the role of Amal's family in her life?
20. What was the most important lesson Amal learned from her experience?

Answers to the Comprehension Questions

1. حَياتْها اِتْغيرّتِ لمّا جوْزْها مات في حادْثة و اِضْطرّت تِشْتغل شُغْلانْتيْن.
2. عشان متِظْلِمْش وِلادْها و عشان الحالة المادّية مكانِتْش كُوَيِّسة.
3. كانِت بِتِشْتغل في محلّ ملابِس و بِتْبيع إكْسسْوارات في الشّارِع.
4. مات في حادْثة في يوْم كان فيه عاصِفة و مطر جامِد.
5. لمّا كانِت بِتْبيع إكْسسْوارات في الشّارِع و وِقِف عنْدها عشان يِشْتري.
6. عرض عليْها إنّها تِفْتح محلّ و يِبْقوا شُركا، هِيَّ بِالشُّغْل و هُوَّ بِالْفِلوس.
7. عشان فكّرِت إنُّه بِيْمِنّ عليْها و هِيَّ مِش عايْزة حدّ يمِنّ عليْها.
8. قرّرِت تِبْدأ بِالفضّة و النِّحاس و الخرز قبْل ما تِشْتغل في الدّهب.
9. عملِت صفْحات على السّوْشْيال ميدْيا و شارْكِت في البازارات.
10. عشان الشُّغْل زاد و مبْقتْش قادْرة تِعْمِل كُلّ حاجة بِنفْسها.
11. حطِّت إعْلان على النّتّ و في كُلّيةْ الفُنون التّطْبيقية.
12. اِقْترح إنُّهم يِطْبعوا الإعْلان و يِوَزّعوه في الكُلّية.
13. كان فيه اِتْنيْن، واحْدة و واحِد.
14. بعْد ما المحلّ كسب في مُسابْقة و سِمِع في أوروبّا.
15. عشان شُغْل أمل كان هايِل و عشان ذوْقْها و إنّها بِتِطْلع كُلّ اللي عنْدها.
16. عشان أهْلُه ربّوه على مُساعْدِةْ النّاس و خاصّةً اللي بِيِشْتغلوا جامِد.
17. كان شايِف إنّهُم شُركا فِعْلاً، هِيَّ بِالشُّغْل و هُوَّ بِالْفِلوس.
18. كانوا مبْسوطين جِداً بِالْمحلّ و فرْحانين بِنجاح مامِتْهُم.
19. ساعْدوها و وَقْفوا جنْبها و خاصّةً أخوها مُحمّد.
20. اِتْعلِّمِت إنّ لمّا النّاس تِساعِد بعْض يِقْدروا يِوْصلوا للي عاوْزينه.

1. Her life changed when her husband died in an accident and she had to work two jobs.
2. To avoid doing her children wrong and because of the poor financial situation.
3. She worked at a clothing store and sold accessories on the street.
4. He died in an accident on a stormy day with heavy rain.
5. When she was selling accessories on the street and he stopped to buy from her.
6. He offered to open a store and become partners - she with the work and he with the money.
7. Because she thought he was giving her charity and she didn't want handouts.
8. She decided to start with silver, copper, and beads before working with gold.
9. She created social media pages and participated in bazaars.
10. Because the work increased and she could no longer do everything by herself.
11. She posted an advertisement online and at the College of Applied Arts.
12. He suggested printing the advertisement and distributing it at the college.
13. There were two, one woman and one man.
14. After the store won a competition and reached Europe.
15. Because of Amal's excellent work, artistry, and dedication.
16. Because his parents raised him to help people, especially those who work hard.
17. He saw them as true partners - she with the work and he with the money.
18. They were very happy with the store and pleased with their mother's success.

19. They helped her and stood by her side, especially her brother Muhammad.
20. She learned that when people help each other, they can achieve their goals.

Summary

Read the scrambled summary of the story below. Write the correct number (1–10) in the blank next to each event to show the proper sequence.

أمل اِتْجوِّزِت مُحْسِن بعْد الجامْعة على طول و خلِّفوا وَلديْن. ___

مُصْطفى شاف شُغْل أمل و عرض عليْها تِفْتح محلّ. ___

بعْد سِتّ شُهور، أمل جابِت حدّ معاها عشان يِساعِدْها. ___

مُحْسِن مات في حادْثة في يوْم كان فيه عاصِفة. ___

المحلّ اِتْفتح و بدأ يِنْجح. ___

المحلّ كِسِب في مُسابْقة و سِمِع في أوروبّا. ___

مُصْطفى قرّر يِفْتح فُروع تانْيَة لِلْمحلّ. ___

أمل وافْقِت على العرْض و سابِت محلّ الملابِس. ___

أمل اِسْتخدْمِت السّوْشْيال ميدْيا و البازارات عشان توْصل لِناس أكْتر. ___

أمل اِشْتغلِت في محلّ ملابِس و بدأِت تِبيع إكْسسْوارات في الشّارِع. ___

Key to the Summary

1   Amal married Mohsen right after college and had two children.

4   Mustafa saw Amal's work and offered to help her open a store.

8   After six months, Amal hired an assistant.

2   Mohsen died in an accident on a stormy day.

6   The store opened and began to succeed.

9   The store won a competition and reached Europe.

10 Mustafa decided to open new branches of the store.

5   Amal accepted the offer and left the clothing store.

7   Amal used social media and bazaars to reach more customers.

3   Amal worked at a clothing store and began selling accessories on the street.

Egyptian Arabic Readers Series

www.lingualism.com/ear

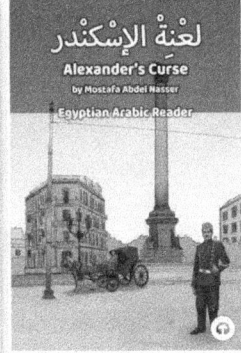

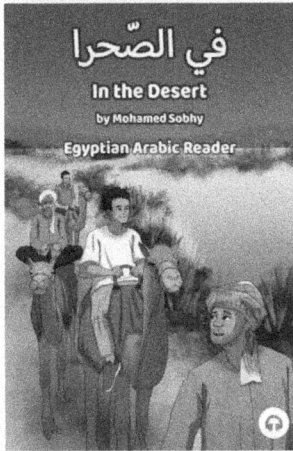

أحْلام صامْتة
Silent Dreams
by Nourhan Sabek
Egyptian Arabic Reader

لعْنةِ الإسْكنْدر
Alexander's Curse
by Mostafa Abdel Nasser
Egyptian Arabic Reader

Egyptian Arabic Reader
ميدان التّحرير
Tahrir Square
by Mohamad Osman

في الصّحرا
In the Desert
by Mohamed Sobhy
Egyptian Arabic Reader

Egyptian Arabic Reader
أمل
Hope
by Nourhan Sabek

Egyptian Arabic Reader
الصّداقة ولّا الحُبّ؟
Friendship or Love?
by Nourhan Sabek

شيريهان
Sherihan

سرّ النّجاح
The Secret of Success

الدّجّال
The Charlatan

جيتار الحُبّ
The Guitar of Love

كأني بَيْض في العرايه
Like Looking in a Mirror

A Dog's Tale

Egyptian Arabic Reader
جوازي صالونات
My Arranged Marriage
by Nourhan Sabek

Egyptian Arabic Reader
الصّيّاد و العُمْلة المعْدنية
The Fisherman and the Coin
by Mohamed Sobhy

المومْيا
The Mummy
by Mohamad Osman
Egyptian Arabic Reader